Yvan GAUSSEN

Du Fédéralisme de Proudhon au Félibrige de Mistral

(Extrait de la *Nouvelle Revue du Midi*)

— 1927 —
Imprimerie A. CHASTANIER : 12, Rue Pradier
— NIMES —

Yvan GAUSSEN

Du Fédéralisme de Proudhon au Félibrige de Mistral

(Extrait de la *Nouvelle Revue du Midi*)

— 1927 —

IMPRIMERIE A. CHASTANIER : 12, RUE PRADIER

— NIMES —

Du Fédéralisme de Proudhon au Félibrige de Mistral

Pendant les fêtes languedociennes qui ont eu lieu ces temps derniers, dans notre Midi, à l'occasion de la *Santo Estello* ou du bicentenaire de l'Abbé Fabre, n'avez-vous pas entendu dire, bien souvent, autour de vous, par des personnalités appartenant à toutes les classes et à tous les partis :

« Pourquoi ce mouvement en faveur d'un dialecte qui se perd ? Pourquoi avoir lutté depuis un siècle — on se rappelle le prix fondé par Guizot à l'Académie pour extirper de notre langage l'hérésie patoise — dans le but d'empêcher nos jeunes enfants de parler et d'apprendre une langue que vous glorifiez aujourd'hui ? Pourquoi donner un encouragement public, voire officiel, à ces aspirations régionalistes qui, sous couvert de littérature, font renaître un esprit provincial, dangereux pour l'unité nationale ? »

En vérité, si ces questions sont posées par certains, sans arrière pensée, uniquement parce qu'elles choquent leur esprit habitué à entendre développer, autour d'eux, des opinions contraires, d'autres concentrent en elles, toutes les critiques qu'ils font au régionalisme, en vertu de principes et pour des raisons qui ne sont plus de mise aujourd'hui.

Leurs critiques, en effet, n'atteignent pas seulement le régionalisme littéraire, folklore et félibrige, sous toutes leurs formes, mais encore et surtout le provincialisme et son voisin immédiat le fédéralisme séparateur, ce même fédéralisme que dénonça le jacobinisme révolutionnaire et qui valut la guillotine aux républicains de la Gironde, aux Camille Desmoulins et aux Danton !

Il ne peut être question dans ce Pays, depuis les heures tragiques de la Convention, de fédéralisme et même de régionalisme décentralisateur sans être suspecté d'incivisme par quelques orthodoxes de l'unité nationale ! Quiconque veut atteindre le régime centralisateur qui servit si bien aux gouvernements dictatoriaux des Napoléon, sera convaincu d'attentat à la sûreté du Pays. S'il borne ses prétentions à demander une décentralisation littéraire, à défendre une langue, qui est aujourd'hui la mère de la nôtre, parlée encore par plus de dix millions d'individus, il soulève la méfiance publique et n'échappe pas aux reproches des « défenseurs vigilants » de la Patrie !

Il n'est pas nécessaire de remonter bien haut dans les annales historiques des revendications provinciales pour retrouver la trace de cet ostracisme :

La circulaire ministérielle de 1925 qui souleva les protestations les plus vives parmi les amis des dialectes provinciaux, est toujours en vigueur et l'on voit à chaque instant la Presse, même la Presse provinciale, se faire la propagatrice de semblables théories.

Un grand journal méridional a repris, tout récemment, la polémique. En raison de l'influence qu'il exerce sur tout le Midi, il faut revenir, une fois encore, sur cette question. Elle vaut d'être retenue, car elle est au nombre de celles qui resteront longtemps encore à l'ordre du jour. Si certains la considèrent comme une question du Passé, n'ayant plus qu'un intérêt historique ou presque, elle reste au contraire pour nous, une question d'avenir, susceptible de rendre au Pays et à l'Humanité les services les plus précieux.

Le tout, maintenant est de s'entendre sur sa valeur réelle. Examinons-la dans ce but, aussi objectivement qu'il est possible de le faire, et en toute impartialité !

Ce fut un article de « *La Bretagne Intégrale* » qui provoqua, dans la « *Dépêche de Toulouse* », de la part de l'éminent journaliste qu'est Pierre et Paul, la riposte sévère à laquelle nous venons de faire allusion (1). L'adversaire ne pouvait être mieux choisi. Son autorité est grande, et ce n'est pas sans une certaine appréhension qu'on peut engager la contradiction avec lui. La cause du régionalisme, sous toutes ses formes, est cependant assez forte pour être digne d'un semblable antagoniste. En la soutenant, nous nous bornerons d'ailleurs à la présenter telle qu'elle est. Elle se suffit à elle-même ; il est inutile d'ajouter du superflu.

Que disait « *La Bretagne Intégrale* » ? Voici la copie du passage incriminé :

« Maintes fois, on nous a demandé ce que nous voulons, ou stupidement accusé de séparatisme, ce qui est absurde. Nous voulons une certaine autonomie morale représentée par le respect des lois imprescriptibles telles que : le respect et l'enseignement de notre langue comme en Alsace et celui de notre foi religieuse et de toutes nos traditions et une autonomie administrative nous permettant de nous administrer nous-mêmes par l'intermédiaire d'une assemblée régionale remplaçant nos Conseils généraux et s'exerçant à l'aide de fonctionnaires de chez nous, sous le

---

(1) La *Dépêche de Toulouse*, 17 juillet 1927.

contrôle d'un préfet ou gouvernement représentant la France, à laquelle nous demeurons fidèlement attachés.

« Ces justes et légitimes revendications n'ont rien de commun avec un stupide et criminel séparatisme que nous ne saurions admettre et qui, en fait, ne saurait jamais exister dans un pays quel qu'il soit, sans la revendication de l'indépendance politique à laquelle nous n'avons pas la folie de prétendre. Telle est l'autonomie morale et administrative que nous, nationalistes fédéralistes, ne cessons de revendiquer pour le peuple breton, car, seule, elle constitue un véritable régionalisme et une réelle décentralisation.

« La fédération des provinces françaises, ainsi comprise et telle que la concevait Proudhon, n'a rien qui puisse porter atteinte à l'unité nationale française, l'unité nationale n'étant pas l'unité administrative. Mais elle briserait la camisole de force dont les lacets sont tenus par nos parlementaires au service des fonctionnaires qui désirent nous considérer toujours comme de simples chiens à l'attache. »

Telle est la profession de foi de l'organe breton. Est-ce à dire qu'elle serait contre-signée dans son texte intégral, par tous les régionalistes français ? Nous ne saurions l'affirmer et pour notre part, nous croirions faire des réserves.

Peu importe d'ailleurs, car ce ne sont ni les termes plus ou moins vifs de cette déclaration, ni les détails de cette organisation fédérale qui ont fait l'objet du débat.

Reprenons la critique de Pierre et Paul.

« S'il faut admettre, constate ce dernier, et ceci même très volontiers, que les bretons ne rêvent pas de duché, il n'en reste pas moins que sans s'en douter « ils prennent le chemin qui mène à ce rêve absurde ».

Pourquoi? En voici les raisons :

Les bretons ne savent pas où ils vont lorsqu'ils réclament le respect et l'enseignement de leur langue. La langue d'un peuple est le meilleur ciment de son unité nationale. La parole s'incarne dans les citoyens ; elle est capable de créer un peuple. Dès lors, est-il si désirable que cela que tant de langues foisonnent dans une même nation? et ne doit-on pas craindre que de cette multiplicité d'idiomes résulte, tôt ou tard, la désagrégation du pays?

L'Alsace fournit un exemple qui est à méditer. Son parti autonomiste existerait-il maintenant, si avant 1870 l'Empire avait répandu, au moyen d'écoles primaires, l'enseignement de notre langue avec plus de prodigalité ?

Au surplus, les dialectes provinciaux ne sont que des patois. Ils ne constituent pas des langues propres, et ils n'occupent dans la littérature française qu'une place invisible. Méritent-ils l'honneur d'être enseignés? Qu'on les laisse mourir de leur belle mort ! Qu'ils se hâtent même de disparaître, le français est une assez belle langue pour être la langue de tous !

« Nous n'avons pas besoin qu'en France il y ait tant de sous-français, des Bretons, des Catalans, des Alsaciens, des Provençaux, nous n'avons besoin que de Français et n'eussions-nous pas d'autre langue que celle de Racine et de Voltaire, que nous pourrions nous contenter de n'en avoir qu'une seule, attendu qu'on ne trouvera pas mieux dans les greniers où les vieux patois sont condamnés à mourir ! »

Il paraît inutile de rappeler tout d'abord, que les

régionalistes et les fédéralistes, même les plus ardents, n'ont pas condamné l'enseignement du français dans les écoles provinciales et qu'il n'a jamais été question pour eux de s'insurger contre la diffusion du français, langue officielle. Le débat à vrai dire n'est pas là et ce n'est pas sur ce point que porte la discussion ouverte par Pierre et Paul. La controverse roule au contraire, sur les dangers pour le Pays du séparatisme d'abord, puis du fédéralisme, conséquence de la renaissance possible d'idiomes provinciaux condamnés à l'oubli.

Les uns, invoquant Proudhon, protestent de leurs bonnes intentions et déclarent « que la fédération des provinces françaises ainsi comprise et telle que la concevait Proudhon n'a rien qui puisse porter atteinte à l'unité nationale française » et les autres, mettant en garde les premiers, soutiennent qu'ils prennent sans s'en douter « le chemin qui mène au rêve absurde du fédéralisme séparateur ».

Puisque, en réalité, c'est Proudhon qui fait surtout l'objet du litige, remontons jusqu'à lui. Il semble que nous ne puissions suivre un guide plus sûr que M. Nicolas Bourgeois qui vient de traiter avec un esprit critique très pénétrant, la question des « Théories du Droit international chez Proudhon, du Fédéralisme et de la Paix » (1).

*
* *

Proudhon a été, sans contredit, le théoricien du fédéralisme. Il n'a, sans doute, inventé ni le terme ni la doctrine, mais il a été le premier à en élaborer la philosophie.

---

(1) Librairie des Sciences Politiques et Sociales, 1 vol. 1927.

Pour lui il faut voir dans le fédéralisme « un contrat synallagmatique et commutatif pour un ou plusieurs objets déterminés, mais dont la condition essentielle est que les contractants se réservent toujours une part de souveraineté et d'action plus grande que celles qu'ils abandonnent ».

Dans ce système, les groupes se gouvernent selon leurs lois propres. La confédération les rallie dans un pacte de mutuelle garantie.

Ce pacte n'est d'ailleurs que la consécration d'une triple promesse faite entre les parties contractantes : se gouverner et traiter avec les voisins suivant certains principes ; se protéger contre l'ennemi du dehors et la tyrannie du dedans ; se concentrer dans l'intérêt des exploitations.

Il faut évidemment pour réaliser ces conditions que les collectivités modestes soient sauvegardées, on ne peut concevoir de grands États se grouper en Fédération. « Des Etats comme la France, l'Autriche, l'Angleterre, la Russie, la Prusse, affirme Proudhon, peuvent faire entre eux des traités d'alliance ou de commerce ; il répugne qu'ils se fédéralisent parceque leur principe y est contraire, » parcequ'il faudrait qu'ils abandonnassent quelque chose de leur souveraineté.

En vertu de ces principes, Proudhon condamne la formation ou le renforcement des unités nationales. Il s'élève avec force contre la naissance de l'unité italienne et de l'unité allemande. Il faut, à son avis, maintenir les petites souverainetés, plutôt que les grouper en une seule ; mieux encore, il serait sage de diviser les grands états existant.

Alors, considérant la situation de la France, il est heureux de noter les aptitudes de notre pays à la fédération : traditions, provinces, droit coutumier, facilités géographiques ! En 1861 il écrit : « Faites de la France douze républiques confédérées et vous trouverez la France aussi jeune qu'en 93 ».

Les bienfaits de son système ? Il les énumère longuement : résolution des antinomies, prospérité et liberté à l'intérieur de chaque pays, gage de paix extérieure.

La centralisation renforce les gouvernements et réduit l'initiative des citoyens et des collectivités communales. Avec le fédéralisme, sans déploiement d'armée, ni restriction de suffrage, on coupe court à l'effervescence des masses. « Le fédéralisme sauve le peuple en le divisant, de la tyrannie de ses meneurs et de sa propre folie ». Il évite à la fois la dictature et le communisme.

Est-ce à dire qu'il ne faille pas prévoir un « bon système de défense nationale » ? Quoique l'extension du fédéralisme doive diminuer les chances de conflit, il est nécessaire de songer au salut de la confédération.

Sur le fonctionnement pratique du système, Proudhon ne s'est pas longuement étendu. On pourrait s'en étonner et croire qu'il n'a pas vu les difficultés soulevées par l'application de ses théories. Si la mort est venue le frapper avant qu'il n'ait pu les approfondir, il faut se souvenir cependant, qu'il a proclamé la puissance de l'idée. A elle seule, elle est capable de suppléer aux insuffisances de la puissance matérielle. Il constate sans doute, non sans amertume, que « l'idée de fédération est demeurée perdue dans la splendeur des grands états ». Mais il met sa confiance dans l'avenir. « Les années, dit-il, ne coûtent rien à la civilisation. L'Humanité aime prendre du champ !... »

Après avoir résumé la doctrine proudhonienne, M. Bourgeois se demande quelle peut en être l'utilité actuelle et la valeur. Son étude prend alors un intérêt croissant, car elle touche au problème qui fait l'objet de notre débat. Il faut en effet dépouiller la théorie de Proudhon de tout ce qu'elle a d'idéalisme et d'utopie, pour faire apparaître ce qu'il est possible d'en tirer de réel.

Suivons à nouveau notre guide dans cette voie.

On ne peut nier, tout d'abord, nous dit-il, que la réponse de l'Histoire ait été peu encourageante. Cependant, si Proudhon n'a pas empêché la constitution de l'unité allemande qui nous a valu 1870 et la dernière guerre et de l'unité italienne dont le nationalisme ne cesse de se renforcer, au moins en avait-il prédit les dangers.

Il faut reconnaître, toutefois, que la centralisation dans la plupart des états européens s'est toujours accrue et l'on a même vu des nations à constitution fédérale les modifier dans un sens unitaire. Les nations nées de la guerre, ont été, elles aussi, centralisatrices à leur berceau, et si la Russie des Soviets a été la seule puissance qui ait donné un exemple de gouvernement fédéraliste, cela a été au mépris de la liberté individuelle, condition si chère à Proudhon ! Il n'est pas jusqu'à la Société des Nations qui ne donne aux fédéralistes « plus de promesses que de réalités substantielles. »

L'objectivité de ces dernières constatations paraîtrait implacable aux fédéralistes les plus enthousiastes, si l'on ne se souvenait que pour le Philosophe du fédéralisme, celui-ci était avant tout « une *méthode* capable de s'adapter aux phases successives de l'évolution historique et politique des peuples, qui peut et doit présider à la formation des divers systèmes internationaux dont la coexistence dans un même temps est d'ailleurs parfaitement concevable. »

Examiné à ce point de vue, le champ d'application du fédéralisme devient alors illimité. Le terme lui-même s'éclaire ; son sens s'élargit.

« *Il y a fédéralisme, dira-t-on, chaque fois que s'établissent entre des nations ou des provinces, auparavant totalement séparées ou confondues dans une même unité oppressive, des rapports contractuels d'ordre politique, juridique et économique dont le contrôle, la surveillance, l'exécution sont confiés à des organismes ou services, de préférence permanents et pourvus d'une autorité propre pour l'exercice de leurs fonctions.* »

A vrai dire, s'il est difficile d'assimiler au fédéralisme politique les alliances internationales entre les grands états, et au fédéralisme juridique les cours de justice internationales, le fédéralisme économique apparaît comme plus réel parce que, pour grouper des intérêts solidaires, il suppose la création d'offices permanents dont l'activité est un lien constant entre les nations ou même, entre les provinces d'un même état.

Ce qu'il faut, c'est trouver des terrains d'entente, des causes d'union. Conçues et réalisées dans l'esprit qui vient d'être indiqué, elles justifient le fédéralisme et expliquent sa nécessité.

Y a-t-il, en effet, une idée plus féconde en résultats que celle d'union ? Au moment où, c'est un fait, se manifestent de plus en plus les aspirations nationales, le besoin d'union internationale se fait de plus en plus sentir. Si on laisse libre cours aux égoïsmes nationaux, sans cesse plus exigeants, si on brise les collaborations toujours indispensables, ne voit-on pas le danger se préciser et devenir plus pressant ?

C'est l'exaltation du nationalisme qui rend possibles tous les conflits internationaux, plus encore que les concurrences économiques !

Renan a écrit et il serait sage de considérer cette pensée avec toute l'attention qu'elle mérite : « On verra la fin des guerres quand au principe des nationalités, on joindra le principe qui en est le correctif, celui de la fédération européenne supérieure à toutes les nationalités. »

Eh oui ! le fédéralisme est seul capable de rendre tolérable et même désirable la cohabitation d'éléments disparates. Il apporte avec lui la décentralisation et il allège de ce fait le poids de la machine administrative. Il permet une utilisation plus rationnelle des ressources locales ; il remédie à la dispersion des efforts, il est, assure M. Bourgeois, non seulement un remède au nationalisme dont il empêche les excès, mais encore il enlève son caractère quelque peu désordonné et anarchique à l'internationalisme qu'il organise rationnellement en respectant le très légitime et très nécessaire patriotisme.

Pourquoi, dans ces conditions, le suspecter ? Pourquoi voir en lui un élément dissolvant et s'imager qu'il va détruire l'œuvre créatrice du passé comme le ver ronge le fruit qui l'abrite ?

Les citoyens, dit-on, même ceux qui admettent ces théories, ont conservé avec trop de force le souvenir des luttes qu'ils ont soutenues pour s'affranchir, pour ne pas craindre que l'abandon de souveraineté qu'il exige ne leur fasse perdre ce qu'ils ont si durement acquis.

Ils regardent avec méfiance ceux qui défendent

cette doctrine. Ils les considèrent soit comme des annexionistes redoutables et fatals aux libertés des nations, soit comme des séparatistes dangereux pour leur propre patrie.

Ils ajoutent que c'est bien en effet, diviser les forces du pays et par suite faire le jeu de ses ennemis que de détruire la cohésion d'esprit, la solidarité qui anime tous les hommes de ce pays. Comment résistera-t-il à la moindre attaque ? Quelle sera désormais sa destinée ?

On donnera pour dissiper ces craintes, en rappelant que le fédéralisme éloigne les chances de conflits, l'exemple des Etats-Unis qui ont surmonté vaillamment toutes les crises intérieures et extérieures, celui de la Suisse ou celui des Sept Provinces des Pays-Bas. On dira avec Montesquieu que la faiblesse n'est pas le propre des états fédératifs et que la force d'un état réside plus dans la vaillance et le courage de ses citoyens que dans la forme de sa constitution.

On fera enfin, remarquer que l'éclosion, dans le domaine international, de ligues, d'unions, de sociétés de toutes natures est symbolique, et qu'il faut savoir comprendre le sens d'exemples aussi significatifs.

A l'intérieur des états, mêmes observations. La nécessité de la décentralisation a une tendance à devenir de plus en plus évidente aux citoyens et même à certains de leurs gouvernements. Or, décentraliser c'est donner plus de vie, plus d'importance aux collectivités des Provinces, c'est renforcer la personnalité des Communes, c'est faciliter le regroupement de toutes les parties du territoire qui ont des intérêts communs.

On retrouve toutes ces idées dans l'exposé des motifs des récents décrets de décentralisation et de déconcentration signés par le Président de la République. C'est dire que dans cet ordre de pensées, le Gouvernement de la France lui-même, reconnait la valeur et l'utilité des mesures demandées par les disciples de Proudhon et que M. Bourgeois résume ainsi pour notre Pays :

« Pour un état unitaire, dont la force de cohésion doit rester intacte en face de l'étranger, cette évolution est même seule concevable. Puisse-t-elle s'affirmer en France par la décentralisation tant souhaitée dont la dernière étape est le Fédéralisme et qui est seule capable, selon nous, de mettre en valeur les ressources spirituelles et économiques encore inexploitées de notre pays ! »

*
* *

Ainsi exposée, la question du régionalisme et avec elle, celle du fédéralisme, apparaissent avec plus de clarté. Les griefs qui leur sont habituellement adressés perdent la plus grande partie de leur force, attendu que les réformes de notre organisation moderne procèdent du rêve proudhonien.

Il ne s'agit pas certes, pour les régionalistes d'aujourd'hui de constituer, sans transition, comme d'une Royauté on fit une République ou un Empire, un vaste Etat fédéral ! Que ce soit la fin suprême qu'ils entrevoient pour plus tard, lorsque leur doctrine aura été comprise par tous, c'est possible !

Pour l'heure, ce qu'ils réclament, c'est l'emploi, la mise en application de méthodes fédéralistes et, dans cet ordre d'idée, les déclarations du gouvernement sur les dangers que fait courir au pays la centralisation, sont pour eux un précieux réconfort. Le Gouvernement a proclamé, en effet, qu'il ne considérait pas, en élaborant les décrets du 5 novembre 1926, avoir terminé l'œuvre entreprise en ce domaine. Qu'il l'a poursuive, et qu'il ne craigne pas d'examiner le problème sous toutes ses formes et dans toute son étendue ! Son action ne sera jamais assez audacieuse puisqu'il y va du salut de la collectivité !

Il faut en particulier, pour parfaire cette œuvre, qu'à la décentralisation administrative et politique, corresponde une sorte de décentralisation littéraire. Il faut qu'il abandonne vis à vis des dialectes provinciaux la position qu'il a prise et qui n'est pas plus justifiée que celle dont il vient de confesser l'inanité !

Le gros argument, puisque de l'avis de tous, il n'est plus question de rappeler un duc en Bretagne ou un Raymond, comte de Toulouse, en Languedoc, est aujourd'hui celui du séparatisme alsacien. Sans nier, certes, l'influence de la langue dans la formation et le maintien de la mentalité alsacienne, peut-être, cependant, serait-il judicieux de penser que l'orientation de la politique générale faite par notre pays dans les Provinces Rhénanes est susceptible d'avoir plus de répercussion sur la position prise par certains éléments à notre égard que la seule question de l'enseignement de l'alsacien. Nul ne conteste que ce soit un élément du problême. Il est apparent qu'il n'est pas l'essentiel !

Au surplus, lorsque les groupements provinciaux demandent au gouvernement plus de bienveillance envers leur dialecte, exigent-ils, en contre partie, l'abrogation de l'enseignement du français ?

Que l'Etat entende généraliser l'enseignement du français sur tout le territoire de la République, rien de plus naturel, et les régionalistes ne s'opposeront pas à une mesure de cet ordre. Mais quand il se range avec ceux qui nient l'existence et la valeur littéraire des idiomes provinciaux, rien ne justifie sa décision.

Ces derniers simplifient la question en déclarant que ces idiomes ne sont que des patois, déformation de la langue française ou déformation de langues étrangères à celle de notre pays. En invoquant de tels arguments, ils rappellent le parti pris par ceux qui déclarèrent « prétendue réformée » la religion protestante et qui, à ce titre, par édits, en interdirent l'exercice à tout jamais.

Une langue, pas plus qu'une religion, ne peut dépendre d'un oukase gouvernemental ! D'ailleurs, ce sont bien de véritables langues, avec leur syntaxe et leur littérature, qui font actuellement l'enjeu du débat. Le Flamand, l'Alsacien, le Breton, le Basque sont des dialectes qui méritent ce titre. Est-ce à dire que le Provençal ne doive pas être joint à tous les autres ? Ce serait faire preuve d'une grande ignorance que de le contester !

Puisque Pierre et Paul a classé le Provençal en compagnie de tous les patois, puisqu'il a dit de lui, comme des autres, qu'il était sans intérêt de propager cet idiome inutile et veilli, examinons de plus près, quant à cette langue, les accusations portées contre l'ensemble des dialectes provinciaux.

Sur la nécessité de comprendre le Provençal, ou si l'on veut généraliser, la langue d'oc, parmi les véritables langues, il parait inutile de s'étendre bien longuement. Un simple coup d'œil sur l'histoire littéraire de ce dialecte est suffisant.

Dans le passé, ce sont, à l'origine, les Troubadours, dont l'influence s'est étendue dans tout le Midi.

Au début du XVIIme siècle, c'est Goudouli avec *l'Escolo Toulouseno* et toute une Pléiade de poètes languedociens qui donnent aux *Jeux Floraux* un rayonnement nouveau ; au XVIIIme siècle, c'est l'abbé Fabre dont le comique rappelle celui de Molière et dont la verve gauloise celle de Rabelais (1) ; au XIXme siècle, avant le Félibrige, ce sont l'agenois Jasmin et Fabre d'Olivet pour ne citer que les principaux, qui émaillent de leur chefs-d'œuvre la littérature de la langue d'oc.

Enfin, avec Mistral, c'est le couronnement. L'œuvre du Maître a définitivement classé le Provençal parmi les idiomes parlés et écrits. Il lui a donné ses lettres de créances. Il en a défini la syntaxe ; avec le *Trésor du Félibrige,* il lui a fourni un vocabulaire ; avec toute son œuvre, il lui a donné une Philosophie. « Ne voir en Mistral que le grand poète d'une race, nous dit André Chamson (2) ou même que le grand poète de la Race, c'est donc de toute évidence, restreindre le sens de son œuvre à sa matière essentielle. C'est interpréter une statue par le grain de la pierre dont elle est faite, c'est ne voir dans le torse d'un héros, qu'un mouvement du marbre, compréhension non pas fausse, mais étroite. Le thême de la Race se retrouve bien dans toute l'œuvre de Mistral, mais cette œuvre le domine et devient, au dessus de lui,

---

(1) Marcel Coulon - Un bel Ecrivain Inconnu, L'abbé Fabre Dezeuze. 1927,

(2) André Chamson - L'Homme contre l'Histoire, Grasset. 1927.

une manifestation concrète de notre durée, de l'éternité humaine.»

Pourquoi dès lors, continuer à ignorer cette langue, familière à plus de dix millions de français ? Puisqu'elle est riche en chefs-d'œuvre, pourquoi faut-il que les jeunes languedociens persistent à ne les pas savoir ? Quel mal y aurait-il à ce que l'on vît voisiner sur les manuels scolaires Mistral et Aubanel avec les poètes du XIXme siècle ; pourquoi ne remplaceraient-ils pas les Victor De Laprade ou les Millevoye dont la notoriété, sans vouloir diminuer leur valeur, n'est pas comparable à celle des grands Félibres ?

Peut-on croire qu'une langue qui compte des Mireille, des Nerto et des Calendal soit si près de la tombe ? et si l'on suppose même, que les quelques millions d'individus qui la parlent et la comprennent encore, l'oublient un jour, est-ce une raison pour abandonner au grenier tous ces chefs-d'œuvre ?

Il paraît bien difficile de le croire. Les richesses littérature ne sont pas si abondantes pour qu'on fasse fi de celles que nous possédons. Le patrimoine de notre nation ne saura jamais trop s'accroître et n'est ce pas une façon de jeter un plus grand éclat sur la littéraire française que de vulgariser l'étude des dialectes, qui l'ont formé, tel le languedocien, qui est à notre français de l'Académie ce que le latin est à lui-même ?

A quoi peut servir cette étude, demande Pierre et Paul ? C'est Jaurès qui lui répond : « Nos langues méridionales, dit-il, sont comme le français, des langues d'origine latine et il y aurait le plus grand intérêt à habituer l'esprit à saisir les ressemblances et les différences, à démêler, par des exemples familiers, les lois qui ont présidé à la formation de la langue française du Midi. Il y aurait pour les jeunes enfants, sous la direction de leurs maîtres, la joie de charmantes et perpétuelles découvertes... même sans étudier le latin, les enfants verraient apparaître, dans la langue française et dans la lumière de la comparaison, le fonds commun de latinité et les origines profondes de notre peuple de France s'éclaireraient ainsi, par le peuple même, d'une pénétrante clarté. »

Faire aimer « le génie du Midi » c'est aussi faire aimer la France. L'âme d'une nation, même lorsqu'elle est unifiée comme la nôtre, est complexe. Rapprocher dans une même communion tous les êtres qui la constituent, c'est la fortifier, c'est donner aux étrangers de nouvelles raisons de l'étudier, c'est accroître son influence morale !

Les orthodoxes de l'unité nationale veillent cependant. S'il est exact que le Provençal soit une langue, diront-ils, il constitue un danger bien plus grand pour le Pays, et les voilà agitant le spectre au Fédéralisme !

Eh bien ! il faut détruire, ici encore, la légende du séparatisme méridional. Il faut classer les Félibres parmi les régionalistes dont nous avons défini les tendances. Et d'ailleurs, une simple analyse de l'histoire du Félibrige sera suffisante pour dissiper les malentendus.

Quand on reproche au Félibrige son fédéralisme, il ne fait aucun doute que c'est à la déclaration de 1892 d'Amouretti et de Maurras que l'on fait allusion :

« Nous sommes autonomistes, nous sommes fédéralistes, disaient en effet ces derniers, et si quelque part dans la France du Nord un Peuple veut marcher avec nous nous lui tendons la main... Oui, nous voulons une assemblée souveraine à Bordeaux, à Toulouse, à Montpellier, nous en voulons une à Marseille ou à Aix. Et ces assemblées régiront notre Administration, nos Tribunaux, nos Ecoles, nos Universités, nos Travaux-Publics. »

Les termes de cette déclaration ne prêtaient pas à l'équivoque et l'on comprend qu'ls aient jeté, surtout en raison du parti politique embrassé par l'un des signataires, une certaine défiance contre le mouvement félibréen, chez les citoyens qui ont travaillé à l'éclosion et au développement de l'idée républicaine.

Il ne faut pas oublier cependant, que cette proclamation n'engageait que la responsabilité de ses rédacteurs. Le Consistoire du Félibrige, c'est-à-dire le capoulié d'alors, Félix Gras, mit sans tarder les choses au point :

« L'Association, dit-il, ne peut aucunement être engagée en ces circonstances et elle entend rester, comme elle l'a toujours fait, en dehors de tout débat politique et religieux », et il ajouta en réponse à la question de savoir si le Félibrige se lancerait dans le Fédéralisme, s'il tomberait dans le Régionalisme, s'il se contenterait d'être décentralisateur, ou bien encore s'il se ferait unitaire et centralisateur :

« Eh bien ! Moi qui ai la barbe blanche, je vous dirai que le Félibrige sera ce qu'il a toujours été, une société d'hommes libres, ayant chacun l'opinion politique qui lui plait et maître de la faire valoir comme il lui conviendra par ses paroles, ses écrits et ses actes toutes les fois que ses paroles, ses écrits et ses actes n'engageront pas la collectivité ». Puis, il rappela pour en finir, que les discussions politiques et religieuses étaient interdites dans les réunions du Félibrige.

Le but essentiel du Félibrige est donc resté de sauver la langue, les coutumes, les chansons, les rites, bref tout ce qui constitue le patrimoine artistique et littéraire du pays d'Oc (1).

Les déclarations de Félix Gras ont été aussi formelles que celles d'Amouretti et de Maurras. Elles ont laissé aux deux derniers la responsabilité de leur acte elles ont fait définitivement connaître quel était le programme que le Félibrige s'était tracé. Il était difficile désormais de voir dans ce mouvement littéraire un danger pour l'unité nationale (2).

Alors, que conclure de cet exposé ? Sinon que le Régionalisme, sous n'importe quelle forme qu'il se présente, n'est jamais une entreprise dirigée contre le Pays.

S'il demande le respect et le développement des langages provinciaux, s'il lutte pour la sauvegarde du patrimoine artistique des régions françaises, c'est pour conserver des richesses en péril, c'est pour affermir des usages locaux, entretenir des coutumes, en un mot, créer un esprit de province qui permettra la décentralisation.

S'insurge-t-il en agissant ainsi contre le Gouvernement ?

« Les libertés locales souffrent, dit le décret du 5 Novembre 1926, les initiatives d'intérêt local en sont retardées, ralenties, sinon parfois paralysées.

---

(1) Félix Bertrand. Précision sur le Félibrige actif (Nouvelle Revue. Avril 1927).

(2) Voir également à ce sujet le Tome IV du *Felibrige latin* 1895, p. 185 et suivantes.

Dans l'ensemble, les habitudes même de notre Administration, traditionnellement façonnées au respect d'un formalisme autoritaire qui eut, à l'origine, son incontestable utilité, mais qui n'a point évolué selon le rythme des transformations de la vie moderne, ont perpétué les complications et les lenteurs d'un système administratif devenu nettement antinomique avec les conditions et les besoins de cette vie ».

Le Gouvernement a compris l'importance du péril. Il est venu apporté une confirmation à l'œuvre féconde du régionalisme en concrétisant dans plusieurs décrets, des mesures préconisées par celui-ci. La voie est ouverte à d'autres réformes. Le pays les attend.

En décentralisant, en étendant son action réformatrice, il fait en réalité, non seulement du régionalisme mais encore du fédéralisme.

« Le fédéralisme peut en effet, nous dit M. Bourgeois, aussi bien gagner du terrain par un mouvement centrifuge que par un mouvement centripède », et le fédéralisme n'est pas seulement la dernière étape de la décentralisation, il est aussi la dernière étape de la démocratie !

Le Français a toujours été en tête sur le chemin du progrès. Pourquoi ne donnerait-il pas une fois de plus l'exemple ? Il lui appartient ici encore, pour se révéler digne de son passé, de montrer la route, en prenant, évidemment, toutes les précautions qu'exigent sa propre sécurité et la réussite de l'œuvre généreuse qu'il peut faire aboutir !

www.ingramcontent.com/pod-product-compliance
Ingram Content Group UK Ltd.
Pitfield, Milton Keynes, MK11 3LW, UK
UKHW020449220726
13923UKWH00005B/2431